Storie in Italiano

per Principianti

Daria Galek

Sommario

Introduzione

Benvenuto nel libro "Racconti in Italiano per Principianti". Questa raccolta unica contiene 40 racconti che sono stati accuratamente selezionati per aiutarti a imparare la lingua italiana. Dopo ogni racconto, troverai esercizi con risposte che ti aiuteranno a consolidare le conoscenze acquisite.

I racconti presenti in questo libro sono vari per tema e livello di difficoltà, ma tutti sono adattati al livello principiante. Troverai storie di vita quotidiana, oltre a avventure più emozionanti. Ogni racconto ha l'obiettivo di sviluppare la tua conoscenza della lingua italiana in modo piacevole e coinvolgente.

Gli esercizi che accompagnano ogni racconto sono stati progettati per verificare la tua comprensione del testo e aiutarti nell'apprendimento di nuove parole e strutture grammaticali. Grazie a questi, potrai sviluppare sistematicamente le tue competenze linguistiche.

Spero che questo libro diventi per te non solo uno strumento di apprendimento, ma anche una fonte di gioia e soddisfazione nella scoperta di una nuova lingua.

Buona fortuna e buona lettura!

Consigli per Leggere Racconti in Italiano

Leggere racconti in italiano può essere sia piacevole che estremamente efficace per imparare una nuova lingua. Per trarre il massimo beneficio dai racconti presenti in questo libro, vale la pena applicare alcune semplici ma efficaci strategie. Ecco alcuni consigli che potrebbero esserti utili:

1. Leggi ad alta voce: Leggere ad alta voce aiuta a migliorare la pronuncia e la fluidità. Sentirai come suonano le parole e le frasi, il che è estremamente utile nell'apprendimento di una lingua straniera.

2. Non avere paura di fare errori: Imparare una nuova lingua è un processo in cui fare errori è naturale e inevitabile. Ogni errore è un'opportunità per imparare e migliorare.

3. Concentrati sulla comprensione generale: All'inizio, non è necessario capire ogni singola parola. Concentrati nel cogliere il significato generale della storia. Con il tempo, capirai sempre più dettagli.

4. Usa un dizionario: Se trovi parole difficili, usa un dizionario per cercarne il significato. Questo ti aiuterà a espandere il tuo vocabolario in modo efficace.

5. Prendi appunti: Annota le nuove parole e frasi che incontri durante la lettura. In questo modo, potrai rivederle e rafforzare la tua conoscenza.

6. Completa gli esercizi dopo ogni racconto: Gli esercizi sono un elemento chiave dell'apprendimento. Risolvili con attenzione per verificare la tua comprensione del testo e rafforzare il nuovo vocabolario e le strutture grammaticali.

7. Leggi regolarmente: La regolarità è la chiave del successo nell'apprendimento di una lingua. Cerca di leggere ogni giorno, anche se solo per pochi minuti. La lettura regolare ti aiuterà a sviluppare gradualmente le tue competenze linguistiche.

8. Rileggi: Non aver paura di tornare sui racconti che hai già letto. Rileggere ti aiuterà a comprendere meglio il testo e a rafforzare le nuove parole e le strutture grammaticali.

9. Usa il contesto: Se incontri una parola difficile, prova a indovinarne il significato basandoti sul contesto. Questa è una abilità che sarà molto utile nell'apprendimento della lingua.

10. Sii paziente: Imparare una lingua è un processo che richiede tempo. Sii paziente e costante, e vedrai sicuramente dei progressi.

Ricorda, imparare una lingua non riguarda solo l'acquisizione di conoscenze, ma anche il piacere di scoprire una nuova cultura e nuovi modi di espressione.

Capitolo 1. Giorno a Scuola

Emma si svegliò presto come ogni mattina. Si vestì in fretta e andò in sala da pranzo per fare colazione. Sua madre aveva già preparato pane tostato con marmellata e un bicchiere di latte caldo.

"Datti una mossa, Emma! Non vorrai arrivare di nuovo tardi a scuola," disse sua madre mentre raccoglieva i piatti.

Emma annuì e mise i suoi libri nello zaino. Uscì di casa e camminò per qualche isolato fino ad arrivare a scuola. Nel cortile, alcuni dei suoi amici stavano già giocando.

La campanella suonò e tutti i bambini si misero in fila per entrare nell'edificio. La prima lezione era matematica. Emma prestò molta attenzione mentre la maestra spiegava le addizioni e le sottrazioni alla lavagna.

Dopo ci fu l'intervallo. Emma e le sue amiche giocarono a campana e mangiarono uno spuntino.

Le lezioni successive furono lettura e scienze naturali. Emma amava imparare sugli animali e le piante.

Quando suonò la campanella di fine giornata, Emma raccolse le sue cose e si diresse verso l'uscita principale. Sua madre l'aspettava per camminare insieme verso casa.

Capitolo 2. Una Passeggiata nel Parco

Olivia e sua mamma uscirono di casa e camminarono verso il parco vicino. Era una giornata soleggiata e calda. Il parco era pieno di persone che si godevano il bel tempo.

Videro bambini piccoli che giocavano sulle altalene e correvano sull'erba verde e soffice. Gli uccelli cantavano canzoni allegre tra i rami degli alberi alti. Fiori dai colori vivaci adornavano i sentieri del parco.

La mamma indicò uno scoiattolo che si arrampicava sul tronco ruvido di una grande quercia. "Guarda quello scoiattolo, Olivia!", disse con un sorriso. Olivia osservò con i suoi grandi occhi il piccolo animale muoversi agilmente.

Continuarono a camminare e arrivarono a una fontana d'acqua cristallina. Olivia prese alcune monete dalla tasca e le gettò nell'acqua, chiudendo gli occhi per esprimere un desiderio. Poi, continuarono a esplorare gli angoli del parco.

Videro farfalle svolazzare da un fiore all'altro, succhiando il dolce nettare. Il profumo dei fiori primaverili riempiva l'aria fresca. In cima a un albero frondoso, avvistarono un nido di uccelli tra i rami. La mamma spiegò a Olivia sottovoce che dovevano camminare in silenzio per non spaventare gli uccelli. Olivia annuì, meravigliata dalla bellezza naturale che le circondava.

Capitolo 3. Fare la Spesa al Supermercato

William doveva comprare alcune cose per il suo nuovo appartamento. Andò al supermercato vicino a casa sua.

Quando entrò, prese un carrello della spesa. Per prima cosa andò al reparto frutta e verdura. Vide molte opzioni fresche. Scelse alcune mele rosse, banane gialle e carote arancioni. Le mise nel carrello.

Poi passò al reparto carne. Vide pollo, manzo e salsicce. Decise di prendere un po' di pollo e alcune salsicce per preparare pasti semplici. Le aggiunse al carrello.

Dopo andò al reparto latticini. Prese un cartone di latte, un pacchetto di formaggio e uno yogurt alla fragola. Continuò a camminare per il supermercato.

Nel reparto panetteria, vide pane appena sfornato. Scelse un pane integrale e alcuni dolci. Li mise con cura nel carrello.

Quando ebbe comprato tutto ciò di cui aveva bisogno, si diresse alle casse. C'era una lunga fila ma avanzava velocemente. Quando fu il suo turno, mise tutti gli articoli sul nastro trasportatore.

La cassiera passò ogni prodotto allo scanner. William pagò con la sua carta di debito. La cassiera gli consegnò le borse con la spesa. William uscì dal supermercato contento di aver fatto la spesa con successo.

Capitolo 4. La Famiglia di Leonardo

Leonardo ha una famiglia piccola ma felice. A casa sua vivono il suo papà Noè, la sua mamma Eva, sua sorella Marta e sua nonna Aurora.

Noè è alto e ha i capelli corti e neri. È un uomo lavoratore e responsabile. Oltre a cucinare, gli piace aggiustare le cose in casa. È sempre pronto ad aiutare gli altri. Nel suo tempo libero, gli piace guardare le partite di calcio in TV.

Eva è gentile e affettuosa, ed è sempre pronta ad ascoltare i suoi figli. Oltre a essere insegnante, è una cuoca eccellente e spesso prepara deliziose ricette per la famiglia. Le piace coltivare piante in giardino e insegnare ai suoi figli la natura.

Marta è una bambina molto energica e curiosa. È sempre pronta a esplorare e scoprire cose nuove. Le piace disegnare e fare lavoretti manuali. È molto creativa e i suoi genitori sono sempre sorpresi dalle sue idee innovative.

Aurora è il cuore della famiglia. Ha sempre un sorriso sul volto e un consiglio saggio da dare. Oltre a fare biscotti, le piace lavorare a maglia e fare all'uncinetto. I suoi nipoti adorano ascoltare le sue storie del passato e imparare dalla sua esperienza.

Insieme, formano una squadra forte e unita che affronta le sfide e celebra le gioie della vita.

Capitolo 5. Il Compleanno di Giacomo

Giacomo è molto emozionato perché oggi è il suo compleanno. Compie sette anni e vuole festeggiarlo con i suoi amici di scuola. Dalla scorsa settimana, ha raccontato a tutti i suoi compagni che farà una grande festa di compleanno a casa sua.

La mamma di Giacomo ha preparato tutto per la festa. Ha comprato una grande torta al cioccolato con glassa e candele, palloncini colorati e cappellini di compleanno. Giacomo ha aiutato a decorare il salotto con stelle filanti e cartelli con scritto "Buon Compleanno".

Quando sono arrivati gli invitati, Giacomo li ha accolti con un grande sorriso. Tutti gli hanno portato regali avvolti in carta brillante. Hanno giocato a nascondino, fatto gare nei sacchi e rotto una pignatta piena di dolci. Il clown faceva trucchi divertenti e animali con i palloncini per intrattenerli.

Dopo, tutti hanno cantato "Tanti Auguri a Te" mentre Giacomo spegneva le candele della torta. Ha espresso un desiderio prima di soffiare sulle candele. Poi, hanno distribuito fette di torta a tutti i bambini. Ognuno degli invitati ha gustato la propria fetta di torta con grande entusiasmo.

Alla fine, Giacomo ha ringraziato tutti per essere venuti e per aver reso la sua giornata così speciale. Era molto felice di avere amici così incredibili.

Capitolo 6. Una Giornata in Spiaggia

Martina si è svegliata presto quella mattina, emozionata di passare una giornata in spiaggia con la sua famiglia. Dopo colazione, ha preparato uno zaino con asciugamani, crema solare e alcuni giocattoli per la spiaggia.

Quando sono arrivati, il sole splendeva forte e la sabbia era molto calda. Martina e il suo fratellino Lorenzo sono corsi verso l'acqua, ridendo e schizzandosi. I loro genitori hanno steso gli asciugamani da spiaggia e sistemato un grande ombrellone per fare ombra.

"Vieni, Martina!" Ha gridato Lorenzo dall'acqua. "È bellissima!"

Martina si è unita al fratello e hanno giocato a rincorrersi e a seppellirsi nella sabbia. Lorenzo ha costruito un piccolo castello di sabbia e Martina lo ha decorato con conchiglie che ha trovato.

Dopo un po', il papà li ha chiamati per mangiare. Ha tirato fuori panini, frutta e bibite fresche da una borsa termica. Martina ha assaggiato le olive e il prosciutto crudo.

"Ti piace il cibo, Martina?" Ha chiesto il papà sorridendo.

"Sì, mi piace tantissimo!" Ha risposto Martina con entusiasmo.

Hanno passato il pomeriggio prendendo il sole, leggendo storie e passeggiando sulla spiaggia. Martina ha raccolto molte belle conchiglie come ricordo. Al tramonto, hanno ripreso le loro cose e sono tornati a casa, stanchi ma felici dopo una bella giornata in spiaggia.

Capitolo 7. Alla Stazione del Treno

Amalia e la sua famiglia stanno per viaggiare in treno per visitare i nonni. Amalia si sveglia presto e si veste con abiti comodi, pantaloni e una maglietta leggera.

Quando arrivano alla stazione del treno, c'è molta gente che cammina da una parte all'altra con valigie e bagagli. Amalia guarda intorno con emozione, osservando i grandi orologi che mostrano l'orario di arrivo e partenza dei treni.

Il suo papà si avvicina al banco per comprare i biglietti. Una signora gentile con l'uniforme blu sorride e li aiuta a scegliere i posti giusti.

Dopo aver comprato i biglietti, la famiglia cammina verso il binario dove aspetteranno il loro treno. Amalia e il suo fratellino, Daniele, si divertono a contare i vagoni del treno che è fermo sui binari. "Uno, due, tre, quattro..." contano ad alta voce, ridendo quando perdono il conto.

La loro mamma compra dei dolcetti al chiosco della stazione. Amalia sceglie dei biscotti con gocce di cioccolato, mentre Daniele preferisce delle caramelle gommose zuccherate. Mangiano i loro dolcetti mentre aspettano, assaporando i bocconi dolci.

All'improvviso, sentono un fischio forte e il treno inizia a muoversi lentamente verso il binario. "Ecco che arriva!" grida Amalia, saltando dall'emozione. La famiglia si alza, pronta a salire a bordo e iniziare il loro emozionante viaggio in treno.

Capitolo 8. Il Mio Animale Domestico

Il mio animale domestico si chiama Max. È un cagnolino molto piccolo e carino. Ha il pelo corto di colore marrone scuro e degli occhi grandi e neri che brillano molto.

A Max piace molto giocare e correre. Quando torno a casa dopo la scuola, lui mi accoglie sempre scodinzolando molto felice. Gli piace inseguire una palla rossa per tutto il parco e la riporta indietro perché io gliela lanci di nuovo.

Il giocattolo preferito di Max è un osso di plastica rossa. Lo prende con la bocca e lo porta da una parte all'altra della casa. È molto divertente vederlo correre con l'osso e scuoterlo per farlo fare rumore. A volte, lo nasconde anche sotto i mobili.

Dopo aver giocato tanto, a Max piace riposare. Si accoccola nel suo lettino e si addormenta subito. A volte, russa un pochino e muove le zampette come se stesse sognando di inseguire qualcosa.

Mi piace molto passare il tempo con Max. È il mio migliore amico e sta sempre con me dandomi affetto. Non riesco a immaginare la vita senza il mio piccolo compagno a quattro zampe.

Capitolo 9. Un Giorno Piovoso

Oggi è una giornata piovosa. Fuori, le gocce cadono dal cielo e il terreno è bagnato. Non possiamo uscire a giocare, ma ciò non significa che non possiamo divertirci in casa.

Mamma, volendo che non ci annoiassimo, ha tirato fuori dagli scaffali vari libri e giochi da tavolo e li ha messi sul tavolo del soggiorno. Ci ha detto che potevamo scegliere qualcosa che ci piacesse e passare il tempo leggendo o giocando, ascoltando il suono della pioggia sul tetto.

Io scelgo un libro di fiabe e mi siedo sul divano con una coperta. Apro il libro e mi immergo nelle storie magiche di principesse e draghi.

Mia sorella, Giorgia, preferisce giocare a giochi da tavolo. Tiriamo fuori gli scacchi e ci sediamo di fronte alla scacchiera. Lei muove i suoi pezzi con attenzione, pensando a ogni mossa. A volte vince lei, ma mi diverto molto a giocare con lei.

Nel frattempo, mamma è in cucina a preparare qualcosa di delizioso per il pranzo. L'odore di zuppa calda si diffonde per tutta la casa e ci fa sentire felici.

Così passiamo la nostra giornata piovosa, tra libri, giochi e cibo confortante. Anche se non possiamo uscire, siamo felici di stare insieme e di goderci il tempo in famiglia.

Capitolo 10. La Cena in Casa

Una sera, la mamma di Elia stava preparando la cena e Elia decise di aiutarla. Era molto emozionato perché gli piace molto stare in cucina.

La mamma decise di fare una grande insalata, pollo al forno e riso con verdure. Prima andarono al supermercato a comprare gli ingredienti. Presero lattuga, pomodori, carote e cetrioli per l'insalata. Presero anche un pollo fresco e alcune verdure per il riso.

Quando tornarono a casa, iniziarono a preparare la cena. Elia lavò le verdure e le tagliò con cura. Suo papà insaporì il pollo con sale, pepe e un po' di limone. Poi, mise il pollo nel forno.

La mamma cucinò il riso in una pentola grande e aggiunse le verdure tagliate. Tutta la casa profumava deliziosamente mentre il cibo cucinava.

Dopo un'ora, la cena era pronta. La famiglia apparecchiò la tavola con piatti, bicchieri e posate. Elia aiutò a servire l'insalata e il riso. Papà tirò fuori il pollo dal forno e lo tagliò in porzioni.

Tutta la famiglia si sedette a tavola e cominciò a mangiare. "Che buono è tutto!" disse Elia con un sorriso. Tutti furono d'accordo e si godettero il pasto insieme.

Capitolo 11. Visita allo Zoo

Una calda domenica mattina, Francesco e il suo amico Giacobbe decisero di visitare lo zoo di Roma. Francesco era molto emozionato perché non era mai stato in uno zoo prima d'ora.

Quando arrivarono, comprarono i biglietti ed entrarono subito. La prima cosa che videro furono i leoni, che riposavano sotto il sole.

"Guarda quanto sono grandi quei leoni!" esclamò Francesco, con gli occhi spalancati.

Poi, camminarono verso l'area degli elefanti. I grandi pachidermi grigi si bagnavano in uno stagno.

"Sembra che siano delle case ambulanti!" rise Giacobbe, osservando i loro movimenti lenti e pesanti.

Dopo, visitarono l'habitat delle scimmie. I monelli saltavano da un ramo all'altro, facendo rumori divertenti.

"Sembra che siano bambini che giocano in un parco," commentò Francesco.

Più tardi, andarono all'aviario, dove videro uccelli dai colori vivaci che volavano liberamente. Francesco osservava affascinato i pappagalli con le piume brillanti. Giacobbe disse che sembravano piccoli arcobaleni volanti.

All'ora di pranzo, mangiarono i panini che avevano preparato, seduti in un'area picnic. Parlarono emozionati di tutti gli animali affascinanti che avevano visto fino a quel momento.

Capitolo 12. Una Giornata in Montagna

In una bella giornata, Marco e la sua famiglia decisero di fare una gita in montagna. Erano emozionati di esplorare la natura e godersi l'aria fresca.

"Dai, dai! Non voglio perdermi niente", disse Marco mentre preparava il suo zaino.

Partirono presto, portando cibo e acqua nei loro zaini. Marco non dimenticò la sua macchina fotografica per catturare i paesaggi durante il viaggio.

Mentre camminavano lungo il sentiero, Marco raccolse alcuni fiori selvatici e ammirò il canto degli uccelli.

Dopo un po', trovarono il posto perfetto per fare un picnic. Si sedettero insieme e godettero della vista delle maestose montagne mentre condividevano il cibo.

Dopo il picnic, continuarono il loro cammino, meravigliandosi della bellezza della natura che li circondava.

Infine, arrivarono in cima a una montagna e si fermarono a riposare. Javier tirò fuori la sua macchina fotografica e catturò la vista impressionante.

"Mamma, papà, guardate che vista incredibile!" esclamò Marco emozionato.

"Sì, figlio, è davvero bellissima", rispose il padre con un sorriso.

Rimasero ancora un po' a godersi il paesaggio prima di iniziare la discesa, sentendosi grati per la meravigliosa giornata in famiglia.

Capitolo 13. Il Mio Migliore Amico

Il mio migliore amico si chiama Alessandro. Ci siamo conosciuti a scuola e da allora siamo inseparabili. Alessandro è alto, ha i capelli castani e porta sempre un sorriso sul viso.

A Alessandro piace molto giocare a calcio, e anche a me, quindi passiamo molti pomeriggi a praticare nel parco vicino a casa nostra. Ci divertiamo tanto a correre dietro al pallone e a fare goal.

Quando non giochiamo a calcio, ci piace esplorare il quartiere in cerca di avventure. Spesso andiamo in bicicletta sui sentieri del bosco vicino o semplicemente camminiamo per le strade della città, scoprendo nuovi posti insieme.

Oltre alle nostre avventure, a me e a Alessandro piace costruire cose con i mattoncini da costruzione. Passiamo ore a creare castelli, città e astronavi, lasciando volare la nostra immaginazione.

Quello che apprezzo di più di Alessandro è che è sempre lì per me, nei momenti belli e in quelli brutti. Possiamo sempre contare l'uno sull'altro, ed è questo che rende la nostra amicizia così speciale.

Capitolo 14. La Festa nel Quartiere

Ieri sera si è tenuta una festa molto divertente. Tutti i vicini si sono riuniti per festeggiare insieme. C'era molta musica, cibo delizioso e balli.

La festa è iniziata al tramonto, quando la gente ha iniziato ad arrivare al parco. Eravamo tutti entusiasti di passare un bel momento insieme.

I bambini giocavano e ridevano, mentre gli adulti chiacchieravano e si raccontavano storie. Presto, il cibo era pronto e tutti si sono messi in fila per servirsi.

"Ti piacciono la bruschetta, Giuseppe? Sono la mia specialità", disse Chiara, offrendogliene una al suo vicino.

"Certo che sì! Grazie, Chiara! Ha un profumo delizioso", rispose Giuseppe, prendendo una bruschetta e assaporandola.

Dopo aver mangiato, la musica è diventata più forte e tutti hanno iniziato a ballare. Si sono formati cerchi di ballo e la gente si muoveva al ritmo della musica.

"Dai, Chiara! Balla con me!", esclamò Giuseppe, tendendo la mano verso la sua vicina.

"Certo, Giuseppe! Mi piacerebbe!", rispose Chiara, prendendogli la mano e unendosi al ballo.

La festa è durata fino a tarda notte e ci siamo divertiti tutti molto. È stata una grande occasione per unirci come comunità e celebrare l'amicizia tra vicini.

32

Capitolo 15. La Visita dal Medico

La settimana scorsa, Tommaso è dovuto andare dal medico perché non si sentiva bene. Aveva mal di testa, febbre e tosse. Suo padre ha chiamato lo studio del dottore e ha ottenuto un appuntamento per lo stesso giorno.

Quando sono arrivati allo studio, la receptionist ha chiesto loro di aspettare nella sala d'attesa. Dopo qualche minuto, il dottor Rossi li ha chiamati. Tommaso e suo padre sono entrati nello studio e si sono seduti.

Il dottor Rossi ha chiesto a Tommaso quali fossero i suoi sintomi. "Ho mal di testa, febbre e molta tosse", ha spiegato Tommaso.

Il dottore ha annuito e poi ha preso la temperatura a Tommaso. "Hai la febbre, ma non è molto alta", ha detto il dottore. Poi ha ascoltato il suo petto con lo stetoscopio. "I tuoi polmoni suonano bene, ma sembra che tu abbia un forte raffreddore."

Il dottor Rossi ha prescritto a Tommaso uno sciroppo per la tosse e gli ha detto di riposare molto e bere molta acqua. Gli ha anche consigliato di rimanere a casa per qualche giorno per riprendersi completamente.

Prima di andarsene, il dottore ha dato a Tommaso un lecca-lecca per essere stato un bravo paziente. Tommaso ha sorriso e ha ringraziato.

A casa, Tommaso ha seguito le indicazioni del dottore. Ha riposato, preso il suo sciroppo e presto ha cominciato a sentirsi meglio. Era grato di essere andato dal medico e aver ricevuto il trattamento giusto.

Capitolo 16. La Partita di Calcio

Sabato pomeriggio, Antonio e i suoi amici si sono incontrati al parco per giocare a calcio.

Antonio è arrivato per primo e ha segnato il campo con pietre e zaini. Poi sono arrivati i suoi amici Riccardo, Giovanni, Luca e Matteo. Erano molto contenti e pieni di energia.

"Formiamo le squadre!" disse Antonio emozionato.

Con le squadre pronte, hanno iniziato a giocare.

Fin dall'inizio, la partita è stata molto intensa. Antonio correva veloce con la palla, schivando i giocatori dell'altra squadra. Quando era vicino alla porta, Riccardo gli passò la palla e Antonio la calciò con forza. Gol! La squadra di Riccardo festeggiò con gioia.

"Ben fatto, Antonio!" gridò Riccardo, dandogli una pacca sulla spalla.

Anche Giovanni e Luca giocarono molto bene e pareggiarono la partita. Tutti si divertirono molto.

Il tempo volò e presto il sole stava tramontando. Decisero che il prossimo gol avrebbe deciso chi vinceva. Entrambe le squadre giocarono con più energia e concentrazione.

Finalmente, Antonio riuscì a rubare la palla, corse verso la porta avversaria e, con un buon tiro, segnò il gol della vittoria.

La sua squadra lo sollevò in aria, celebrando la sua grande giocata.

"Abbiamo vinto!" gridò Matteo con un enorme sorriso.

Dopo la partita, tutti si sedettero sull'erba, stanchi ma felici. Condivisero bevande e spuntini, ridendo e ricordando i momenti migliori del gioco.

Capitolo 17. La Mia Stanza

La mia stanza è il mio posto preferito in casa. È piccola, ma molto accogliente. Le pareti sono di un colore azzurro chiaro, e c'è una grande finestra che lascia entrare molta luce naturale.

Al centro della stanza, ho un letto comodo con una coperta dai colori vivaci. Accanto al letto, c'è un comodino dove lascio sempre un libro e una lampada da lettura.

La mia scrivania è vicino alla finestra. È lì che faccio i compiti e disegno. Sopra la scrivania, ho alcuni scaffali pieni di libri, quaderni e le mie matite colorate.

Di fronte al letto, c'è un grande armadio dove tengo i miei vestiti e le scarpe. Ho anche una piccola mensola dove metto i miei giocattoli e le mie figure preferite.

In un angolo della stanza, ho una sedia comoda dove mi siedo a leggere o ascoltare musica. Inoltre, c'è una bacheca di sughero sul muro dove metto foto e appunti importanti.

Quello che mi piace di più della mia stanza è la sensazione di tranquillità che mi dà. È il mio rifugio, dove posso leggere, studiare e sognare. Adoro passare il tempo lì, perché è un posto dove mi sento sempre felice e rilassato.

Capitolo 18. Un Viaggio in Aereo

Era la prima volta che Anna viaggiava in aereo. Era emozionata ma anche un po' nervosa. All'aeroporto di Londra, c'era un gran trambusto di gente che andava e veniva. Anna e sua madre si misero in fila per fare il check-in dei bagagli.

"Che emozione, vero, tesoro?" disse la mamma mentre aspettavano il loro turno. "Presto sarai a Roma."

Quando toccò a loro, una gentile assistente di volo in uniforme bianca controllò i loro biglietti e documenti. Poi si diressero al gate dove attendeva l'aereo per Roma. Anna si sedette accanto al finestrino e allacciò la cintura di sicurezza. Guardava fuori dalla piccola apertura con grande aspettativa.

Dopo alcuni minuti di attesa, l'aereo iniziò a muoversi sulla pista. Il cuore di Anna batteva forte. All'improvviso, la macchina prese velocità e, quasi senza accorgersene, erano già in aria.

"Guarda che vista incredibile!" esclamò Anna incollata al vetro.

Sotto di loro, le case e le strade sembravano piccole come giocattoli. Le nuvole erano soffici e bianche. Anna si sentiva come un uccello che volava nel cielo. Dopo alcune ore di volo, l'aereo scese e atterrò dolcemente all'aeroporto di Roma. Anna e sua madre erano emozionate di iniziare la loro avventura a Roma.

Capitolo 19. La Mia Lezione di Spagnolo

La mia lezione di spagnolo è molto divertente. La nostra professoressa è la signora Ferrari. Lei è molto gentile e ci aiuta sempre quando abbiamo dubbi.

Nella mia classe, ci sono dieci studenti. I miei amici sono Elisa, Francesca, Roberto e Alessia. Elisa è molto brava in grammatica. Francesca partecipa sempre in classe e le piace parlare in spagnolo. Roberto è un po' timido, ma adora imparare nuove parole. Alessia è molto brava in pronuncia.

Le lezioni sono il martedì e il giovedì. Iniziamo sempre con un gioco in spagnolo. Poi, la signora Ferrari ci insegna nuove parole e frasi. A volte, guardiamo video in spagnolo e pratichiamo con dialoghi. Leggiamo anche piccoli racconti e facciamo esercizi nel libro.

Mi piace molto la mia lezione di spagnolo perché imparo e mi diverto allo stesso tempo. I miei compagni di classe sono molto amichevoli e lavoriamo sempre insieme. Alla fine della lezione, facciamo sempre una piccola conversazione in spagnolo per praticare quello che abbiamo imparato.

Sono molto contento di essere in questa classe e migliorare il mio spagnolo ogni giorno. Sono sicuro che presto parlerò spagnolo fluentemente.

Capitolo 20. La Biblioteca

Sabato mattina, Niccolò è andato in biblioteca. Gli piace molto leggere e cerca sempre nuovi libri.

Entrando, Niccolò ha salutato la bibliotecaria, la signora Bianchi. Lei è sempre molto gentile e lo aiuta a trovare buoni libri. Niccolò ha camminato tra gli scaffali, guardando tutti i titoli.

Prima, è andato alla sezione avventure. Ha trovato un libro sui pirati che gli ha attirato l'attenzione. Poi, è andato alla sezione di fantascienza e ha visto un libro sui viaggi spaziali. Niccolò voleva anche un libro sugli animali, quindi è andato alla sezione natura.

Dopo aver scelto tre libri, Niccolò è andato a un tavolo e si è seduto. Ha aperto il libro sui pirati e ha iniziato a leggere. La storia era molto emozionante e Niccolò non poteva smettere di leggere. È passata un'ora e Niccolò ha deciso di portare a casa i tre libri.

Niccolò è andato al banco e la signora Bianchi lo ha aiutato a registrare i libri. "Goditi la tua lettura, Niccolò", ha detto lei con un sorriso.

Niccolò è uscito dalla biblioteca molto contento. Non vedeva l'ora di arrivare a casa e continuare a leggere i suoi nuovi libri. Per lui, la biblioteca è un posto magico dove trova sempre avventure e conoscenze.

Capitolo 21. Un Pomeriggio di Cinema

Un pomeriggio, Lilia e i suoi amici hanno deciso di andare al cinema. Volevano vedere un film nuovo che tutti dicevano fosse molto bello. Si sono incontrati all'ingresso del cinema alle cinque del pomeriggio.

Prima, hanno comprato i biglietti alla cassa. Dopo aver comprato i biglietti, sono andati al negozio di cibo.

Nel negozio, hanno comprato popcorn, bibite e dolci. Lilia ha scelto una bibita al cola e una grande scatola di popcorn. I suoi amici hanno comprato anche popcorn e vari tipi di dolci. Con il cibo in mano, sono entrati nella sala del cinema.

La sala era buia e c'era molta gente. Hanno cercato i loro posti e si sono seduti comodamente. Il film è iniziato e tutti sono rimasti in silenzio, molto attenti allo schermo.

Il film era molto emozionante. C'erano molte scene d'azione e gli effetti speciali erano impressionanti. Lilia e i suoi amici mangiavano popcorn mentre guardavano il film. Tutti erano molto felici e si divertivano molto.

Dopo due ore, il film è finito. Lilia e i suoi amici sono usciti dal cinema parlando delle loro scene preferite. Tutti erano d'accordo che era stato un pomeriggio molto divertente e hanno deciso di tornare al cinema presto per vedere un altro film.

Capitolo 22. Il Festival di Musica

Alice era molto emozionata perché stava per partecipare a un festival di musica. Era il suo primo festival e non vedeva l'ora di vedere le sue band preferite. Il festival si teneva in un grande parco e Alice arrivò presto per trovare un buon posto.

Il primo concerto era di una band rock che le piaceva molto. Alice cantò tutte le canzoni e si divertì ogni minuto. Poi andò a vedere un gruppo pop. La musica era allegra e Alice ballò con i suoi amici.

C'erano molte altre attività al festival. Alice e i suoi amici comprarono cibo dai chioschi e provarono diversi tipi di piatti. Visitarono anche i negozi di souvenir e Alice comprò una maglietta del festival.

Di sera, il festival si riempì di luci e colori. L'ultimo concerto fu il migliore. La band principale suonò tutte le canzoni popolari e la folla era molto animata. Alice si sentì molto felice e si godette lo spettacolo.

Alla fine della giornata, Alice era stanca ma molto contenta. Fu un'esperienza incredibile e non vedeva l'ora di tornare l'anno prossimo. Il festival di musica fu un giorno che ricorderà sempre con affetto.

Capitolo 23. Una Passeggiata in Bicicletta

Federico e suo papà decisero di fare una passeggiata in bicicletta per la città. Il sole brillava e l'aria era fresca. Federico era emozionato di esplorare la zona con suo papà.

"Papà, dove andiamo oggi?" chiese Federico con entusiasmo.

"Andremo al parco prima e poi faremo una passeggiata lungo il fiume", rispose suo papà con un sorriso.

Salirono sulle loro biciclette e iniziarono la loro avventura. Federico si godeva il paesaggio mentre pedalavano insieme. Videro alberi alti, fiori colorati e molte persone felici che passeggiavano.

Improvvisamente, Federico vide un sentiero di terra che sembrava interessante. "Papà, possiamo andare di là?" chiese.

"Certo, figliolo! Andiamo a esplorare", rispose suo papà con gioia.

Cambiarono direzione e presero il sentiero di terra. Scoprirono un bellissimo bosco pieno di uccelli che cantavano e piccoli ruscelli. Federico era emozionato di aver trovato un posto così speciale.

Dopo un po', tornarono sul percorso principale e continuarono il loro viaggio. Federico si sentiva felice di passare del tempo con suo papà e di aver vissuto tante avventure insieme nella loro passeggiata in bicicletta.

Capitolo 24. La Lezione di Arte

Giulia era emozionata perché oggi aveva la lezione di arte. Le piaceva molto dipingere e creare cose nuove. La professoressa, la signora Colombo, aveva sempre idee interessanti per loro.

Quando Giulia arrivò in aula, vide molti dipinti e pennelli sui tavoli. La professoressa Colombo sorrise e disse: "Oggi dipingeremo un paesaggio. Pensate al vostro luogo preferito e dipingete ciò che vedete".

Giulia pensò alla spiaggia che visitava con la sua famiglia. Prese i suoi pennelli e iniziò a dipingere il mare, la sabbia e le palme. Era molto concentrata e felice.

La sua amica Valeria, che era seduta accanto a lei, la guardò e disse: "Giulia, il tuo dipinto è molto bello!"

Giulia sorrise e rispose: "Grazie, Valeria. Sto dipingendo la spiaggia dove vado con la mia famiglia".

La lezione passò rapidamente e tutti gli studenti crearono bellissimi paesaggi. La signora Colombo camminava tra i tavoli, ammirando il lavoro di tutti.

"Brava, Giulia! Mi piace molto il tuo dipinto. Ti piace dipingere?" chiese la professoressa.

"Sì, adoro dipingere", disse Giulia con un grande sorriso.

Alla fine della lezione, tutti mostrarono i loro dipinti. Giulia era molto orgogliosa della sua opera e non vedeva l'ora della prossima lezione di arte.

Capitolo 25. Un Giorno di Neve

Davide si svegliò e guardò fuori dalla finestra. Tutto era coperto di neve! Era molto emozionato. Si mise il cappotto, i guanti, la sciarpa e il cappello. Poi, uscì in giardino per giocare.

Per prima cosa, Davide fece delle palle di neve. Ne lanciò alcune contro un albero e rise molto. Poi, decise di fare un pupazzo di neve. Prese tanta neve e iniziò a formare una grande palla per il corpo. Dopo, fece una palla più piccola per la testa.

Davide cercò delle pietre per fare gli occhi del pupazzo. Usò anche una carota per il naso e una vecchia sciarpa per il collo. Il pupazzo di neve venne molto bello.

Mentre lavorava, arrivò il suo amico Jack. "Ciao, Davide! Posso aiutarti con il pupazzo di neve?" chiese Jack.

"Certo, Jack! Finiremo insieme," rispose Davide con un sorriso.

I due amici misero dei bottoni sul pupazzo per fare la bocca. Poi, trovarono due rami per le braccia. Infine, misero un cappello sulla testa del pupazzo.

Quando il sole iniziò a calare, Davide e Jack entrarono in casa. La mamma di Davide diede loro cioccolata calda per scaldarsi. "Grazie, mamma," disse Davide, felice e stanco.

Capitolo 26. Il Museo di Storia

Beniamino visitò il museo di storia con la sua classe. Erano molto emozionati di imparare cose nuove. Il loro maestro, il signor Marino, li guidò nel museo.

Per prima cosa, il signor Marino li portò nella sala dei dinosauri. C'erano grandi scheletri di dinosauri. Beniamino guardava con stupore le ossa enormi.

"Questi dinosauri vivevano milioni di anni fa," spiegò il signor Marino. "Sapevate che il Tyrannosaurus Rex era uno dei più grandi?"

Dopo, andarono nella sala degli antichi egizi. Videro mummie e sarcofagi. Beniamino era affascinato dalle storie dei faraoni e delle piramidi.

"Le piramidi erano tombe per i faraoni," disse il signor Marino. "Gli egizi credevano nella vita dopo la morte."

Poi, visitarono la sala del Medioevo. C'erano armature e spade dei cavalieri. Beniamino si immaginava di essere un cavaliere coraggioso che combatteva nelle battaglie.

"Nel Medioevo, i castelli erano molto importanti," spiegò il signor Marino. "Servivano come fortezze e case per i nobili."

Alla fine del giro, andarono nella sala della storia moderna. Videro oggetti dei secoli XIX e XX, come vecchie automobili e telefoni antichi.

Beniamino imparò molto durante la sua visita al museo. Alla fine della giornata, era felice e raccontò ai suoi genitori tutto quello che aveva visto e imparato.

Capitolo 27. La Mia Colazione Preferita

La mia colazione preferita è molto semplice e deliziosa. Mi piace preparare una colazione vegana ogni mattina. Prima di tutto, prendo una banana e la taglio a fette. Poi metto le fette in una ciotola. A volte uso due banane se ho molta fame.

Dopo, aggiungo delle fragole fresche e dei mirtilli. Adoro la frutta perché è molto salutare e ha un buon sapore. Poi metto un po' di avena sopra la frutta. Mi piace l'avena perché mi fa sentire sazio più a lungo.

Per rendere la colazione più speciale, aggiungo un cucchiaio di burro di mandorle. Mi piace molto il burro di mandorle perché è cremoso e delizioso. A volte aggiungo anche dei semi di chia sopra.

Infine, aggiungo un po' di latte di mandorla. Preferisco il latte di mandorla perché è vegano e ha un sapore delicato. Inoltre, rende la colazione morbida e gustosa.

Mi siedo a tavola e mi godo la mia colazione. È molto nutriente e mi dà molta energia per iniziare la giornata. Questa colazione è la mia preferita perché è facile da preparare e molto buona.

Capitolo 28. Una Giornata in Campagna

Noemi si svegliò presto ed era molto emozionata. Oggi sarebbe andata in campagna con la sua famiglia. Indossò abiti comodi e preparò uno zaino con acqua e spuntini.

Quando arrivarono in campagna, Noemi vide molti animali. C'erano mucche, pecore e cavalli. Noemi era felice di vedere tanti animali. Si avvicinò a una mucca e la accarezzò. "È così morbida!" disse Noemi con un grande sorriso.

Dopo, Noemi e la sua famiglia camminarono su un sentiero nel bosco. Gli alberi erano alti e c'erano molti fiori colorati. L'aria era fresca e pulita. Noemi respirò profondamente e si sentì molto bene.

A mezzogiorno, si sedettero sotto un grande albero per pranzare. Mangiarono spuntini e frutta fresca. Mentre mangiavano, ascoltarono il canto degli uccelli. Era un suono molto bello.

Dopo pranzo, Noemi giocò con il suo fratellino. Corsero per la campagna e raccolsero fiori. Noemi fece una corona di fiori e se la mise in testa. Si sentì come una regina della campagna.

Alla fine della giornata, Noemi e la sua famiglia tornarono a casa. Noemi era stanca ma molto felice. Aveva trascorso una giornata meravigliosa in campagna, circondata da animali e natura. "Potrei vivere lì", pensò Noemi mentre si addormentava.

Capitolo 29. La Visita dal Dentista

Carlo aveva un appuntamento con il dentista. Era un po' spaventato perché non gli piaceva il dolore. Sua mamma gli disse che sarebbe andato tutto bene e che il dentista era molto gentile.

Quando arrivarono alla clinica, si sedettero nella sala d'attesa. Carlo vide delle riviste e alcuni giocattoli. Cercò di rilassarsi giocando con una macchinina.

"Carlo, il dentista ti aspetta," disse l'infermiera con un sorriso.

Carlo entrò nello studio. Il dentista, Dr. Greco, lo salutò. "Ciao, Carlo. Non preoccuparti, daremo un'occhiata ai tuoi denti rapidamente," disse Dr. Greco.

Carlo si sedette sulla grande sedia. Dr. Greco gli spiegò tutto quello che avrebbe fatto. Controllò i suoi denti con un piccolo specchio e una luce.

"I tuoi denti stanno molto bene, Carlo. Devi solo lavarli meglio la sera," disse Dr. Greco.

Carlo si sentì sollevato. Il dentista non fece nulla di doloroso. "Grazie, dottore," disse Carlo con un sorriso.

Dopo il controllo, Dr. Greco diede a Carlo un nuovo spazzolino da denti e un piccolo tubo di dentifricio. "Ricordati di lavarti i denti due volte al giorno e usare il filo interdentale," gli consigliò.

Carlo e sua mamma uscirono dalla clinica. "Visitare il dentista non è stato così male," pensò Carlo. Era contento di essersi preso cura bene dei suoi denti.

Capitolo 30. La Fiera del Libro

Stefano è andato alla fiera del libro con sua madre. Era molto emozionato perché ama i libri. La fiera si teneva in un grande parco e c'erano molte bancarelle di libri.

"Vediamo di trovare qualche libro nuovo per te," disse sua madre con un sorriso.

Per prima cosa, sono andati a una bancarella di libri per bambini. C'erano molti libri con colori vivaci e disegni carini. Stefano vide un libro sui dinosauri e lo prese. "Mamma, voglio questo libro," disse entusiasta.

"Certo, Stefano. Vuoi vedere anche altri libri?" chiese sua madre.

Continuarono a camminare per la fiera. Stefano trovò un libro di avventure che gli piacque molto. "Mamma, posso avere anche questo?" chiese.

"Sì, puoi avere entrambi," rispose sua madre. "È importante leggere e imparare cose nuove."

Dopo aver comprato i libri, Stefano e sua madre si sedettero su una panchina. Stefano iniziò a leggere il suo nuovo libro sui dinosauri. Era molto felice e si divertì molto alla fiera del libro.

"Mi piace tanto la fiera del libro," disse Stefano. "Voglio tornare il prossimo anno."

Sua madre sorrise e disse, "Certo, Stefano. Leggere è una grande avventura."

Capitolo 31. Una Passeggiata in Centro

Michele decise di passare il pomeriggio in centro città. Si mise la giacca e uscì di casa. Il sole brillava e faceva bel tempo.

Prima di tutto, Michele camminò per le strade piene di negozi. Guardò le vetrine e vide molte cose interessanti. Entrò in un negozio di abbigLeonardoento e comprò una maglietta nuova.

Dopo, Michele visitò una libreria. Ama leggere, quindi passò molto tempo a cercare un libro interessante. Finalmente, trovò uno sulle avventure e lo comprò.

All'uscita, Michele vide il suo amico Alberto. "Ciao, Alberto! Cosa fai qui?" chiese Michele.

"Ciao, Michele. Sto cercando un regalo per mia sorella. E tu?" rispose Alberto.

"Ho appena comprato un libro di avventure," disse Michele con un sorriso.

Poi, Michele andò in una caffetteria. Ordinò un caffè e una torta al cioccolato. Si sedette vicino alla finestra e si godette la sua merenda mentre osservava la gente passare.

Infine, Michele decise di visitare un museo. C'era una mostra di arte moderna. Camminò per le sale e ammirò i quadri e le sculture.

Alla fine della giornata, Michele si sentì felice e soddisfatto. Mentre tornava a casa, pensò a quanto era stato piacevole passare del tempo esplorando.

Capitolo 32. Una Giornata all'Acquario

Caterina e i suoi amici di classe decisero di andare all'acquario per una gita scolastica. Erano emozionati di vedere i pesci e altre creature marine. Quando arrivarono all'acquario, si diressero direttamente alle grandi vasche piene di pesci colorati.

"Guarda che belli sono!" esclamò Caterina indicando i pesci che nuotavano.

I suoi amici annuirono emozionati e iniziarono a nominare i diversi tipi di pesci che vedevano. Passarono molto tempo ad ammirare le vasche e a osservare come si muovevano i pesci.

Dopo aver visto i pesci, andarono in una zona dove potevano toccare stelle marine e ricci di mare. Caterina si sorprese nel sentire quanto fossero morbide alcune di queste creature.

"È così incredibile!" disse Caterina mentre toccava una stella marina.

Conclusero la loro visita con una presentazione sui squali. Caterina e i suoi amici si sedettero insieme e ascoltarono con attenzione mentre parlavano loro dei diversi tipi di squali e di come si comportano nell'oceano.

Alla fine della giornata, Caterina e i suoi amici erano stanchi ma felici. Avevano avuto una giornata incredibile all'acquario, piena di scoperte emozionanti e di esperienze memorabili.

Capitolo 33. La Festa di Fine Anno

La festa di fine anno stava per iniziare. Maria e Andrea erano molto emozionati. Avevano invitato i loro amici a casa per festeggiare insieme.

"Quest'anno sarà incredibile!" disse Maria mentre decorava il salotto con ghirlande e palloncini. Andrea preparava la musica e le luci.

Alle dieci di sera, iniziarono ad arrivare gli amici. Eleonora, Isabella, Monica e Nanni arrivarono con cibo e bevande. "Felice Anno Nuovo in anticipo!" disse Monica abbracciando Maria.

Tutti si sedettero a tavola e gustarono una deliziosa cena. "Il cibo è delizioso, Maria," disse Isabella. Dopo la cena, iniziarono a ballare e a ridere.

Mancavano solo pochi minuti alla mezzanotte. Tutti si riunirono davanti alla televisione per vedere il conto alla rovescia. "Dieci, nove, otto...!" contarono a voce alta. A mezzanotte, tutti brindarono con il prosecco e si abbracciarono. "Felice Anno Nuovo!" gridavano. Poi uscirono in giardino per vedere i fuochi d'artificio.

Maria e Andrea erano molto contenti di aver trascorso un fine anno così speciale con i loro amici. "Questo sarà un grande anno," disse Andrea mentre abbracciava Maria.

Capitolo 34. La Lezione di Musica

Sara era molto emozionata per la sua lezione di musica. Le piaceva molto imparare a suonare gli strumenti. Oggi, il suo insegnante, il Sig. Ricci, avrebbe insegnato a suonare il flauto.

"Buongiorno, classe," disse il Sig. Ricci. "Oggi impareremo a suonare il flauto. Ognuno prenda un flauto dal tavolo."

Sara prese il suo flauto e si sedette sulla sua sedia. Il Sig. Ricci mostrò loro come tenere il flauto e come soffiare per fare un suono.

"Prima, mettiamo le dita qui e qui," spiegò il Sig. Ricci, indicando i fori sul flauto. "Poi, soffiamo delicatamente."

Sara cercò di seguire le istruzioni. All'inizio, non riuscì a fare nessun suono, ma il Sig. Ricci la aiutò.

"Prova di nuovo, Sara," disse il Sig. Ricci. "Ricorda di soffiare delicatamente."

Sara ci riprovò e, questa volta, fece un suono. Era molto felice.

"Molto bene, Sara!" disse il Sig. Ricci. "Ora, impariamo una canzone semplice."

Il Sig. Ricci suonò una canzone con il suo flauto e gli studenti lo imitarono. Sara praticò molto e, poco a poco, migliorò. Alla fine della lezione, tutti gli studenti riuscirono a suonare la canzone.

Sara era molto orgogliosa di ciò che aveva imparato. "Adoro la lezione di musica," pensò mentre riponeva il suo flauto.

Capitolo 35. Il Nuovo Lavoro

Il primo giorno del nuovo lavoro, Daniele era molto nervoso. Si alzò presto, si mise il suo miglior abito e preparò la sua valigetta. Fece una colazione veloce, ripassando mentalmente tutto ciò che doveva portare.

Arrivato in ufficio, fu accolto dal suo nuovo capo, il signor Esposito. "Benvenuto, Daniele," disse il signor Esposito con un sorriso gentile. Daniele si sentì un po' più rilassato.

Durante la mattinata, Daniele imparò le sue mansioni e come usare il sistema dell'azienda. Sandra, una collega, gli mostrò come inserire i dati nel computer. "Qui devi mettere il tuo nome utente e la tua password," spiegò Sandra. Daniele annuì, concentrato. "Grazie, Sandra," disse.

Nel pomeriggio, lavorò al suo primo progetto. Si sentiva un po' perso all'inizio. Sandra notò la sua difficoltà e si avvicinò per aiutarlo. "È nella cartella dei progetti, qui," disse indicando lo schermo. "Ah, ora capisco. Grazie ancora," disse Daniele, sollevato.

Alla fine della giornata, il signor Esposito si avvicinò a Daniele. "Buon lavoro, Daniele. Sono sicuro che sarai un ottimo membro del team," disse. Daniele tornò a casa stanco ma contento, sapendo che col tempo si sarebbe sentito più a suo agio nel suo nuovo lavoro.

Capitolo 36. Un Giorno in Palestra

Alessio si svegliò presto al mattino con una determinazione in mente: avrebbe iniziato a prendersi cura della sua salute e forma fisica. Decise che oggi sarebbe stato il giorno in cui si sarebbe iscritto alla palestra del suo quartiere.

Dopo una colazione nutriente, si vestì con abbigLeonardoento sportivo e si diresse verso la palestra. Entrando, si sentì un po' nervoso, ma anche emozionato di iniziare questa nuova fase della sua vita.

Un istruttore gentile lo salutò e lo guidò per la palestra, mostrandogli le diverse macchine e attrezzature per l'allenamento. Alessio si sentì un po' sopraffatto all'inizio, ma l'istruttore gli spiegò come usare ogni macchina in modo sicuro ed efficace.

Decise di iniziare con un leggero riscaldamento sul tapis roulant. Poi, passò a sollevare pesi e fare esercizi di forza.

Dopo un'ora di allenamento intenso, Alessio si sentiva stanco ma soddisfatto. Sapeva di aver fatto un grande passo verso il suo obiettivo di essere in forma e in salute.

Uscendo dalla palestra, si promise di continuare ad andare regolarmente. Era emozionato di vedere i cambiamenti positivi che sarebbero venuti con la sua nuova routine di esercizi.

Capitolo 37. Il Corso di Fotografia

Camilla è sempre stata interessata alla fotografia, così quando ha visto un annuncio su corsi di fotografia nel suo quartiere, ha deciso di iscriversi subito.

Il primo giorno di corso, Camilla era un po' nervosa ma emozionata di imparare qualcosa di nuovo. Con la sua macchina fotografica in mano, è arrivata sul posto ed è stata accolta dall'istruttore, che l'ha salutata con un sorriso gentile.

Durante la lezione, Camilla ha imparato i concetti base della fotografia, come la composizione, l'esposizione e la messa a fuoco. Hanno praticato scattando foto in diversi luoghi e con varie luci.

Man mano che la lezione proseguiva, Camilla si sentiva più sicura ed entusiasta dei suoi progressi. Ha iniziato a catturare immagini creative e a sperimentare con diversi angoli e prospettive. Ha scoperto che le piaceva particolarmente fotografare la natura e i piccoli dettagli che spesso passavano inosservati.

"Molto bene, Camilla!", ha esclamato l'istruttore vedendo una delle sue foto. "Hai catturato il momento in modo bello e naturale".

Camilla si è sentita molto felice e orgogliosa. In quel momento, ha capito che amava la fotografia e voleva esplorare il mondo con la sua macchina fotografica. Si è immaginata a viaggiare in luoghi lontani, scattare foto belle e conoscere culture diverse.

Capitolo 38. La Lezione di Ballo

Gabriele aveva sempre voluto imparare a ballare, così decise di iscriversi a un corso di ballo nel suo quartiere. Il primo giorno di lezione era un po' nervoso ma molto emozionato.

Quando arrivò allo studio di ballo, fu accolto dall'insegnante, la signora Russo. "Ciao, benvenuto alla nostra lezione di ballo," disse con un sorriso.

Gabriele si unì agli altri studenti e la lezione iniziò. La signora Russo insegnò loro i passi base della salsa. "Per prima cosa, spostiamo il piede destro in avanti, poi il piede sinistro indietro," spiegò.

All'inizio, Gabriele si sentiva un po' impacciato, ma con la pratica iniziò a sentirsi più sicuro. La musica era allegra e tutti in classe si divertivano molto.

"Molto bene, Gabriele!" disse la signora Russo. "Stai migliorando a ogni passo."

Dopo un'ora di pratica, Gabriele e i suoi compagni di classe ballarono insieme una piccola coreografia. Gabriele si sentì molto felice e orgoglioso dei suoi progressi.

Alla fine della lezione, la signora Russo diede loro alcuni consigli per continuare a praticare a casa. Gabriele uscì dallo studio stanco, ma molto contento e con tanta voglia di continuare a imparare a ballare.

Capitolo 39. Il Primo Giorno di Vacanza

Sergio era molto emozionato per l'inizio delle vacanze estive. Aveva aspettato questo giorno con grande ansia. Quando si svegliò presto, sorrise vedendo il sole splendere dalla finestra.

Scese a fare colazione con i suoi genitori e fratelli. Sulla tavola c'erano toast, marmellata e succo d'arancia. Sergio mangiò in fretta perché era molto emozionato di iniziare la giornata.

"Ho molti piani per queste vacanze," disse Sergio dopo aver finito la colazione.

I suoi genitori sorrisero. "Cosa pensi di fare oggi?" chiese sua madre.

Sergio rispose: "Voglio andare al parco e giocare a calcio con i miei amici. Poi andrò in biblioteca per prendere qualche libro."

Dopo la colazione, Sergio si mise le scarpe da ginnastica e uscì di casa. Prima andò al parco, dove giocò a calcio con i suoi amici. Corsero e risero molto.

Poi, Sergio salutò i suoi amici e camminò fino alla biblioteca. Amava leggere e voleva trovare nuovi libri per le vacanze. In biblioteca, trovò diversi libri di avventure.

Con lo zaino pieno di libri, Sergio tornò a casa. Si sedette in giardino e iniziò a leggere. Era molto felice ed emozionato per tutte le avventure che lo aspettavano durante le vacanze.

Capitolo 40. Visita ai Nonni

Toni e Michela erano molto emozionati perché stavano per andare a trovare i nonni. Salirono in macchina e iniziarono il viaggio. Durante il tragitto, cantarono canzoni e giocarono a chi trovava più macchine rosse.

Quando arrivarono a casa dei nonni, furono accolti con abbracci e baci. "Che gioia vedervi!" disse la nonna. "Abbiamo preparato il vostro cibo preferito."

Entrarono in casa e si sedettero a tavola. C'erano pollo, riso, insalata e torta al cioccolato. Toni e Michela mangiarono molto felici.

Dopo aver mangiato, uscirono in giardino a giocare. Il nonno mostrò loro il suo giardino pieno di fiori e piante. Toni e Michela aiutarono ad annaffiare le piante e raccolsero alcuni fiori.

"È molto divertente stare qui," disse Toni mentre giocava con il cane dei nonni.

"Sì, adoro la casa dei nonni," rispose Michela.

Passarono il pomeriggio giocando e parlando con i nonni. Alla fine della giornata, erano stanchi ma molto contenti. "Dobbiamo tornare presto!" disse Toni.

"Certo che sì," disse la nonna. "Siete sempre i benvenuti qui."

Salutarono i nonni e tornarono a casa. Toni e Michela si addormentarono rapidamente, sognando la loro prossima visita a casa dei nonni.

Esercizi

Capitolo 1. Giorno a Scuola

Rispondi alle seguenti domande scegliendo l'opzione corretta.

1. Cosa ha mangiato Emma per colazione?

a) Cereali

b) Pane tostato con marmellata

c) Pane con burro

2. Chi ha preparato la colazione?

a) Emma

b) Sua sorella

c) Sua madre

3. Qual era la prima lezione di Emma?

a) Scienze naturali

b) Lettura

c) Matematica

4. Cosa hanno fatto Emma e le sue amiche durante l'intervallo?

a) Hanno giocato a campana e mangiato uno spuntino

b) Hanno giocato a calcio

c) Hanno studiato in biblioteca

5. Chi stava aspettando Emma dopo la scuola?

a) Suo padre

b) Sua madre

c) Sua nonna

Capitolo 2. Una Passeggiata nel Parco

Completa le seguenti frasi usando le parole mancanti.

1. Olivia e sua mamma camminarono verso il _______ vicino.

a) parco

b) spiaggia

c) supermercato

2. Videro bambini piccoli che giocavano sulle ______.

a) macchine

b) altalene

c) libri

3. La mamma indicò uno ______ che si arrampicava sul tronco di una grande quercia.

a) farfalla

b) scoiattolo

c) cane

4. Olivia osservò il piccolo ______ muoversi agilmente.

a) fiore

b) bambini

c) animale

5. Il profumo dei fiori ______ riempiva l'aria fresca.

a) primaverili

b) frutta

c) foglie

Capitolo 3. Fare la Spesa al Supermercato

Leggi le seguenti frasi e determina se sono vere o false.

1. William ha comprato mele verdi al supermercato.

2. William ha scelto di prendere pollo e salsicce dal reparto carne.

3. Nel reparto latticini, William ha comprato latte, formaggio e yogurt alla fragola.

4. William ha pagato i suoi acquisti in contanti.

5. William era triste dopo aver fatto la spesa.

Capitolo 4. La Famiglia di Leonardo

Collega le seguenti parti delle frasi per formare frasi coerenti.

1. Leonardo ha una famiglia...

2. Noè è alto e...

3. Eva è un'insegnante e...

4. Marta è una bambina...

5. Aurora è la nonna di Leonardo e...

a) ha sempre un sorriso sul volto.

b) piccola ma felice.

c) ha i capelli corti e neri.

d) molto energica e curiosa.

e) una cuoca eccellente.

Capitolo 5. Il Compleanno di Giacomo

Completa le frasi con le parole fornite. Parole: torta, amici, pignatta, compleanno, regali.

1. Giacomo è molto emozionato perché oggi è il suo ___________.

2. La mamma di Giacomo ha comprato una grande ___________ al cioccolato con glassa.

3. Gli invitati gli hanno portato __________ avvolti in carta brillante.

4. Hanno giocato a rompere una __________ piena di dolci.

5. Giacomo era molto felice di avere __________ così incredibili.

Capitolo 6. Una Giornata in Spiaggia

Metti in ordine le seguenti parole per formare frasi complete.

1. sabbia / calda / la / molto / era

2. genitori / hanno / asciugamani / i / steso

3. a / giocato / hanno / rincorrersi

4. Lorenzo / un / castello / costruito / ha

5. felici / sono / a / casa / tornati

Capitolo 7. Alla Stazione del Treno

Metti le frasi nell'ordine cronologico corretto.

a) La famiglia cammina verso il binario per aspettare il treno.

b) Amalia si sveglia presto e si veste con abiti comodi.

c) Amalia e Daniele si divertono a contare i vagoni del treno.

d) La famiglia sente un forte fischio e il treno inizia a muoversi.

e) Il papà compra i biglietti al banco.

Capitolo 8. Il Mio Animale Domestico

Completate le frasi con la forma corretta del verbo tra parentesi.

1. Max _______ (avere) il pelo corto di colore marrone scuro.

2. Quando torno a casa, lui mi _______ (accogliere) molto felice.

3. Max _______ (prendere) il suo osso di plastica rossa con la bocca.

4. Dopo aver giocato, Max si _______ (accoccolarsi) nel suo lettino.

5. A volte, Max _______ (nascondere) il suo osso sotto i mobili.

Capitolo 9. Un Giorno Piovoso

Rispondi alle seguenti domande scegliendo l'opzione corretta.

1. Che tipo di giornata è oggi?

a) Soleggiata

b) Nuvolosa

c) Piovosa

2. Dove ha messo mamma i libri e i giochi?

a) Nel soggiorno

b) In giardino

c) In garage

3. Cosa sceglie di fare il narratore?

a) Giocare fuori sotto la pioggia

b) Leggere un libro di fiabe

c) Giocare a scacchi con Giorgia

4. Cosa sta facendo mamma mentre i bambini leggono e giocano?

a) Dorme nella sua stanza

b) Guarda la TV

c) Prepara qualcosa di delizioso in cucina

5. Come si sentono i bambini alla fine della giornata piovosa?

a) Annoiati

b) Felici di stare insieme

c) Tristi di non poter uscire

Capitolo 10. La Cena in Casa

Completa le seguenti frasi usando le parole mancanti.

1. Elia era emozionato perché gli piace molto stare in ______.

a) cucina

b) soggiorno

c) giardino

2. Al supermercato, hanno comprato _______ per l'insalata.

a) mele

b) patate e cipolle

c) lattuga, pomodori, carote e cetrioli

3. Papà ha insaporito il pollo con _______, pepe e un po' di limone.

a) sale

b) zucchero

c) farina

4. Mamma ha cucinato il riso in una pentola _______.

a) media

b) grande

c) piccola

5. Elia ha aiutato a servire l'insalata e _______.

a) la zuppa

b) il riso

c) le verdure

Capitolo 11. Visita allo Zoo

Leggi le seguenti frasi e determina se sono vere o false.

1. Francesco e Giacobbe hanno visitato lo zoo di Roma un sabato mattina.

2. La prima cosa che hanno visto sono stati i leoni che riposavano sotto il sole.

3. Giacobbe ha detto che gli elefanti sembravano delle case ambulanti.

4. Le scimmie si comportavano come se fossero bambini che giocano in un parco.

5. Francesco osservava affascinato le tigri nell'aviario.

Capitolo 12. Una Giornata in Montagna

Collega le seguenti parti delle frasi per formare frasi coerenti.

1. Marco e la sua famiglia...

2. Marco ha preparato...

3. Marco raccolse...

4. Hanno goduto della vista...

5. Sono rimasti ancora un po'...

a) di alcune montagne maestose.

b) il suo zaino.

c) decisero di fare una gita in montagna.

d) godendosi il paesaggio.

e) alcuni fiori selvatici.

Capitolo 13. Il Mio Migliore Amico

Completa le frasi con le parole fornite. Parole: calcio, immaginazione, inseparabili, avventure, biciclette.

1. Alessandro ed io siamo ____________ da quando ci siamo conosciuti a scuola.

2. Ci piace giocare a ____________ e passiamo molti pomeriggi a praticare nel parco.

3. Ci divertiamo a esplorare il quartiere in cerca di ____________.

4. Spesso andiamo in ____________ sui sentieri del bosco vicino.

5. Passiamo ore a costruire, lasciando volare la nostra ____________.

Capitolo 14. La Festa nel Quartiere

Metti in ordine le seguenti parole per formare frasi complete.

1. molta / balli / e / c'era / musica

2. è / iniziata / la / al / festa / tramonto

3. giocavano / e / i / ridevano / bambini

4. bruschetta / Chiara / una / offrì / Giuseppe / a

5. la / ritmo / si / al / gente / muoveva

Capitolo 15. La Visita dal Medico

Metti le frasi nell'ordine cronologico corretto.

a) Il dottor Rossi ha ascoltato il petto di Tommaso con lo stetoscopio.

b) Tommaso e suo padre sono arrivati allo studio del dottore.

c) Tommaso è rimasto a casa e ha seguito le istruzioni del dottore.

d) Il padre di Tommaso ha chiamato lo studio del dottore e ha ottenuto un appuntamento.

e) Il dottore ha dato a Tommaso un lecca-lecca per essere stato un bravo paziente.

Capitolo 16. La Partita di Calcio

Completate le frasi con la forma corretta del verbo tra parentesi.

1. Antonio ____________ (arrivare) per primo al parco.

2. Gli amici ____________ (giocare) a calcio con energia.

3. Riccardo ____________ (passare) la palla ad Antonio.

4. La squadra ____________ (festeggiare) il gol della vittoria.

5. Dopo la partita, tutti __________ (sedersi) sull'erba.

Capitolo 17. La Mia Stanza

Rispondi alle seguenti domande scegliendo l'opzione corretta.

1. Di che colore sono le pareti della stanza?

a) Azzurro

b) Bianco

c) Giallo

2. Dove si trova la scrivania?

a) Accanto al letto

b) Vicino alla finestra

c) Di fronte all'armadio

3. Cosa si trova sul comodino?

a) Vestiti e scarpe

b) Un libro e una lampada da lettura

c) Giocattoli e figure

4. Dove si siede il narratore per leggere o ascoltare musica?

a) Sul letto

b) Nell'armadio

c) Su una sedia nell'angolo

5. Cosa piace di più al narratore della sua stanza?

a) Il grande armadio

b) Gli scaffali pieni di libri

c) La sensazione di tranquillità che dà

Capitolo 18. Un Viaggio in Aereo

Completa le seguenti frasi usando le parole mancanti.

1. Anna era emozionata ma anche un po' ________.

a) nervosa

b) felice

c) arrabbiata

2. All'aeroporto di Londra, c'era molta gente che ________.

a) mangiava

b) giocava

c) andava e veniva

3. Anna si sedette accanto al finestrino e allacciò la ________.

a) cintura di sicurezza

b) porta

c) passaporto

4. Sotto di loro, le case e le strade sembravano piccole come
________.

a) automobili

b) giocattoli

c) edifici

5. Anna si sentiva come un ________ che volava nel cielo.

a) aereo

b) uccello

c) barca

Capitolo 19. La Mia Lezione di Spagnolo

Leggi le seguenti frasi e determina se sono vere o false.

1. La professoressa della classe di spagnolo si chiama signora
Rossi.

2. Ci sono dodici studenti nella classe.

3. Alessia è molto brava in pronuncia.

4. Le lezioni di spagnolo sono il lunedì e il mercoledì.

5. Le lezioni di spagnolo iniziano sempre con un gioco
linguistico condiviso.

Capitolo 20. La Biblioteca

Collega le seguenti parti delle frasi per formare frasi coerenti.

1. Niccolò è andato in biblioteca...

2. La signora Bianchi sempre...

3. Prima, è andato alla...

4. Niccolò si è seduto e...

5. La biblioteca è un...

a) ha iniziato a leggere il libro sui pirati.

b) sezione avventure.

c) posto magico per Niccolò.

d) sabato mattina.

e) lo aiuta a trovare buoni libri.

Capitolo 21. Un Pomeriggio di Cinema

Completa le frasi con le parole fornite. Parole: posti, cinema, amici, popcorn, scene.

1. Lilia e i suoi ___________ hanno deciso di andare al cinema.

2. Hanno comprato ___________, bibite e dolci.

3. Hanno cercato i loro ___________ e si sono seduti comodamente.

4. Il film era molto emozionante e c'erano molte ___________ d'azione.

5. Sono usciti dal ___________ discutendo delle loro scene preferite.

Capitolo 22. Il Festival di Musica

Metti in ordine le seguenti parole per formare frasi complete.

1. parco / il / in / festival / si / teneva / un

2. di / molti / cibo / c'erano / chioschi

3. ballò / amici / con / Alice / suoi / i

4. suonò / le / band / canzoni / popolari / la

5. si / felice / spettacolo / molto / godette / lo

Capitolo 23. Una Passeggiata in Bicicletta

Metti le frasi nell'ordine cronologico corretto.

a) Cambiarono direzione e presero il sentiero di terra.

b) Salirono sulle loro biciclette e iniziarono la loro avventura.

c) Federico e suo papà decisero di fare una passeggiata in bicicletta.

d) Federico vide un sentiero di terra che sembrava interessante.

e) Scoprirono un bellissimo bosco pieno di uccelli che cantavano e piccoli ruscelli.

Capitolo 24. La Lezione di Arte

Completate le frasi con la forma corretta del verbo tra parentesi.

1. Giulia _________ (arrivare) in aula presto.

2. La professoressa Colombo _________ (sorridere) agli studenti.

3. Giulia _________ (iniziare) a dipingere la spiaggia.

4. Valeria _________ (dire) che il dipinto di Giulia è bello.

5. Tutti gli studenti _________ (mostrare) i loro dipinti alla fine della lezione.

Capitolo 25. Un Giorno di Neve

Rispondi alle seguenti domande scegliendo l'opzione corretta.

1. Cosa ha fatto Davide per prima cosa quando è uscito in giardino?

a) Ha fatto un pupazzo di neve

b) Ha fatto delle palle di neve

c) Ha giocato con Jack

2. Cosa ha usato Davide per il naso del pupazzo di neve?

a) Una carota

b) Una pietra

c) Un bottone

3. Chi è arrivato mentre Davide faceva il pupazzo di neve?

a) Sua mamma

b) Suo fratello

c) Il suo amico Jack

4. Cosa hanno fatto Davide e Jack con il pupazzo di neve?

a) Hanno messo delle pietre per gli occhi

b) Hanno messo dei bottoni per la bocca

c) Hanno messo una sciarpa sul pupazzo

5. Cosa ha dato la mamma di Davide a loro quando sono entrati in casa?

a) Biscotti

b) Succo d'arancia

c) Cioccolata calda

Capitolo 26. Il Museo di Storia

Completa le seguenti frasi usando le parole mancanti.

1. Beniamino visitò il museo di storia con la sua _______.

a) famiglia

b) classe

c) amico

2. Per prima cosa, il signor Marino li portò nella sala dei ______.

a) antichi egizi

b) Medioevo

c) dinosauri

3. La classe nella sala degli antichi egizi poteva vedere mummie e ______.

a) piramidi

b) sarcofagi

c) castelli

4. Nel Medioevo, i castelli servivano come ______.

a) fortezze

b) tombe

c) musei

5. Alla fine della giornata, Beniamino era ______.

a) stanco

b) triste

c) felice

Capitolo 27. La Mia Colazione Preferita

1. La colazione preferita del narratore è vegana.

2. Il narratore aggiunge fragole e mirtilli freschi.

3. La colazione include avena.

4. Il narratore aggiunge burro di arachidi alla colazione.

5. La colazione non ha mai semi di chia.

Capitolo 28. Una Giornata in Campagna

Collega le seguenti parti delle frasi per formare frasi coerenti.

1. Noemi si svegliò presto...

2. Quando arrivarono in campagna...

3. Noemi e la sua famiglia camminarono...

4. A mezzogiorno, si sedettero...

5. Noemi giocò con...

a) sotto un grande albero per pranzare.

b) videro molti animali.

c) su un sentiero nel bosco.

d) il suo fratellino.

e) e era molto emozionata.

Capitolo 29. La Visita dal Dentista

Completa le frasi con le parole fornite. Parole: giocattoli, sedia, dentista, denti, spazzolino da denti.

1. Carlo aveva un appuntamento con il ______________.

2. Nella sala d'attesa, Carlo vide delle ______________.

3. Dr. Greco spiegò tutto mentre Carlo si sedeva sulla grande ______________.

4. Dr. Greco disse che i ______________ di Carlo erano in ottima forma.

5. Dopo il controllo, Dr. Greco diede a Carlo un nuovo ______________.

Capitolo 30. La Fiera del Libro

Metti in ordine le seguenti parole per formare frasi complete.

1. andò / Stefano / madre / sua / alla / fiera / con

2. in / teneva / fiera / un / parco / la

3. di / trovò / avventure / Stefano / un / libro

4. colori / con / c'erano / molti / libri

5. e / importante / leggere / imparare / è

Capitolo 31. Una Passeggiata in Centro

Metti le frasi nell'ordine cronologico corretto.

a) Michele andò in una caffetteria.

b) Michele vide il suo amico Alberto.

c) Michele decise di visitare un museo.

d) Michele camminò per le strade piene di negozi.

e) Michele visitò una libreria.

Capitolo 32. Una Giornata all'Acquario

Completate le frasi con la forma corretta del verbo tra parentesi.

1. Caterina e i suoi amici ___________ (decidere) di andare all'acquario per una gita scolastica.

2. Quando arrivarono, ___________ (dirigersi) alle grandi vasche piene di pesci.

3. Caterina ___________ (esclamare) indicando i pesci che nuotavano.

4. Dopo aver visto i pesci, ___________ (andare) a toccare stelle marine e ricci di mare.

5. ___________ (concludere) la loro visita con una presentazione sui squali.

Capitolo 33. La Festa di Fine Anno

Rispondi alle seguenti domande scegliendo l'opzione corretta.

1. Cosa stavano facendo Maria e Andrea prima che arrivassero i loro amici?

a) Dormendo

b) Decorando e preparando la musica

c) Cucinando

2. Chi ha portato cibo e bevande alla festa?

a) Maria e Andrea

b) I vicini

c) Eleonora, Isabella, Monica e Nanni

3. Cosa hanno fatto tutti poco prima della mezzanotte?

a) Sono andati a dormire

b) Hanno guardato il conto alla rovescia in TV

c) Sono usciti in giardino

4. Cosa hanno fatto tutti a mezzanotte?

a) Hanno mangiato l'uva e si sono abbracciati

b) Sono andati a casa

c) Hanno acceso le luci

5. Come si sono sentiti Maria e Andrea alla fine della festa?

a) Tristi

b) Stanchi

c) Molto felici

Capitolo 34. La Lezione di Musica

Completa le seguenti frasi usando le parole mancanti.

1. Sara era molto emozionata per la sua lezione di _____.

a) matematica

b) musica

c) scienze

2. Il Sig. Ricci avrebbe insegnato a suonare il _____.

a) chitarra

b) tamburi

c) flauto

3. Il Sig. Ricci mostrò agli studenti come _____ il flauto.

a) tenere

b) pulire

c) dipingere

4. Sara cercò di seguire le _______ del Sig. Ricci.

a) regole

b) istruzioni

c) domande

5. Alla fine della lezione, tutti gli studenti riuscirono a ______

una canzone.

a) suonare

b) disegnare

c) ballare

Capitolo 35. Il Nuovo Lavoro

Leggi le seguenti frasi e determina se sono vere o false.

1. Daniele è arrivato in ritardo al suo primo giorno di lavoro in ufficio.

2. Il capo di Daniele si chiama signor Esposito.

3. Sandra è una collega di lavoro che ha aiutato Daniele.

4. Durante la mattinata, Daniele ha lavorato al suo primo progetto.

5. Alla fine della giornata, Daniele è tornato a casa felice e soddisfatto.

Capitolo 36. Un Giorno in Palestra

Collega le seguenti parti delle frasi per formare frasi coerenti.

1. Alessio si svegliò presto al mattino con...

2. Un istruttore gentile lo salutò...

3. Alessio decise di iniziare con...

4. Alessio passò a sollevare pesi...

5. Alessio si sentiva stanco...

a) un leggero riscaldamento.

b) una determinazione in mente.

c) ma soddisfatto.

d) e lo guidò per la palestra.

e) e fare esercizi di forza.

Capitolo 37. Il Corso di Fotografia

Completa le frasi con le parole fornite. Parole: imparare, fotografare, felice, natura, fotografia.

1. Quando Camilla ha visto un annuncio sui corsi di ______________, ha deciso di iscriversi subito.

2. Camilla era felice di ______________ qualcosa di nuovo.

3. Camilla ha scoperto che le piaceva particolarmente fotografare la ______________ e i piccoli dettagli.

4. Camilla si è sentita _______________ e orgogliosa quando ha capito che amava la fotografia.

5. Camilla si è immaginata a viaggiare in luoghi lontani e a _______________ foto.

Capitolo 38. La Lezione di Ballo

Metti in ordine le seguenti parole per formare frasi complete.

1. aveva / Gabriele / a / imparare / voluto / ballare

2. alla / lezione / ballo / di / bunvenuto / nostra

3. spostiamo / destro / in / il / piede / avanti

4. divertivano / in / molto / tutti / si / classe

5. la / consigli / loro / Russo / alcuni / signora / diede

Capitolo 39. Il Primo Giorno di Vacanza

Metti le frasi nell'ordine cronologico corretto.

a) Sergio mangiò toast e marmellata per colazione.

b) Sergio si sedette in giardino e iniziò a leggere.

c) Sergio giocò a calcio con i suoi amici al parco.

d) Sergio camminò fino alla biblioteca per prendere qualche libro.

e) Sergio si svegliò presto e sorrise vedendo il sole.

Capitolo 40. Visita ai Nonni

Completate le frasi con la forma corretta del verbo tra parentesi.

1. Toni e Michela ___________ (essere) molto emozionati per la visita ai nonni.

2. Durante il tragitto, cantarono e ___________ (giocare) in macchina.

3. Quando ___________ (arrivare) a casa dei nonni, furono accolti con abbracci e baci.

4. Dopo aver mangiato, ___________ (uscire) in giardino a giocare.

5. Prima di partire, i nonni li ___________ (abbracciare) con affetto.

Soluzioni

Capitolo 1. Giorno a Scuola

1. b) Pane tostato con marmellata

2. c) Sua madre

3. c) Matematica

4. a) Hanno giocato a campana e mangiato uno spuntino

5. b) Sua madre

Capitolo 2. Una Passeggiata nel Parco

1. a) parco

2. b) altalene

3. b) scoiattolo

4. c) animale

5. a) primaverili

Capitolo 3. Fare la Spesa al Supermercato

1. Falso (William ha comprato mele rosse.)

2. Vero

3. Vero

4. Falso (William ha pagato con la sua carta di debito.)

5. Falso (William era contento dopo aver fatto la spesa.)

Capitolo 4. La Famiglia di Leonardo

1. b) Leonardo ha una famiglia piccola ma felice.

2. c) Noè è alto e ha i capelli corti e neri.

3. e) Eva è un'insegnante e una cuoca eccellente.

4. d) Marta è una bambina molto energica e curiosa.

5. a) Aurora è la nonna di Leonardo e ha sempre un sorriso sul volto.

Capitolo 5. Il Compleanno di Giacomo

1. compleanno

2. torta

3. regali

4. pignatta

5. amici

Capitolo 6. Una Giornata in Spiaggia

1. La sabbia era molto calda.

2. I genitori hanno steso asciugamani.

3. Hanno giocato a rincorrersi.

4. Lorenzo ha costruito un castello.

5. Sono tornati a casa felici.

Capitolo 7. Alla Stazione del Treno

1. b) Amalia si sveglia presto e si veste con abiti comodi.

2. e) Il papà compra i biglietti al banco.

3. a) La famiglia cammina verso il binario per aspettare il treno.

4. c) Amalia e Daniele si divertono a contare i vagoni del treno.

5. d) La famiglia sente un forte fischio e il treno inizia a muoversi.

Capitolo 8. Il Mio Animale Domestico

1. ha

2. accoglie

3. prende

4. accoccola

5. nasconde

Capitolo 9. Un Giorno Piovoso

1. c) Piovosa

2. a) Nel soggiorno

3. b) Leggere un libro di fiabe

4. c) Prepara qualcosa di delizioso in cucina

5. b) Felici di stare insieme

Capitolo 10. La Cena in Casa

1. a) kitchen

2. c) lettuce, tomatoes, carrots, and cucumbers

3. a) salt

4. b) large

5. b) the rice

Capitolo 11. Visita allo Zoo

1. Falso (Francesco e Giacobbe hanno visitato lo zoo di Roma una domenica mattina.)

2. Vero

3. Vero

4. Vero

5. Falso (Francesco osservava affascinato i pappagalli nell'aviario.)

Capitolo 12. Una Giornata in Montagna

1. c) Marco e la sua famiglia decisero di fare una gita in montagna.

2. b) Marco ha preparato il suo zaino.

3. e) Marco raccolse alcuni fiori selvatici.

4. a) Hanno goduto della vista di alcune montagne maestose.

5. d) Sono rimasti ancora un po' godendosi il paesaggio.

Capitolo 13. Il Mio Migliore Amico

1. inseparabili

2. calcio

3. avventure

4. biciclette

5. immaginazione

Capitolo 14. La Festa nel Quartiere

1. C'era molta musica e balli.

2. La festa è iniziata al tramonto.

3. I bambini giocavano e ridevano.

4. Chiara offrì una bruschetta a Giuseppe.

5. La gente si muoveva al ritmo.

Capitolo 15. La Visita dal Medico

1. d) Il padre di Tommaso ha chiamato lo studio del dottore e ha ottenuto un appuntamento.

2. b) Tommaso e suo padre sono arrivati allo studio del dottore.

3. a) Il dottor Rossi ha ascoltato il petto di Tommaso con lo stetoscopio.

4. e) Il dottore ha dato a Tommaso un lecca-lecca per essere stato un bravo paziente.

5. c) Tommaso è rimasto a casa e ha seguito le istruzioni del dottore.

Capitolo 16. La Partita di Calcio

1. è arrivato

2. hanno giocato

3. ha passato

4. ha festeggiato

5. si sono seduti

Capitolo 17. La Mia Stanza

1. a) Azzurro

2. b) Vicino alla finestra

3. b) Un libro e una lampada da lettura

4. c) Su una sedia nell'angolo

5. c) La sensazione di tranquillità che dà

Capitolo 18. Un Viaggio in Aereo

1. a) nervosa

2. c) andava e veniva

3. a) cintura di sicurezza

4. b) giocattoli

5. b) uccello

Capitolo 19. La Mia Lezione di Spagnolo

1. Falso (La professoressa si chiama signora Ferrari.)

2. Falso (Ci sono dieci studenti nella classe.)

3. Vero

4. Falso (Le lezioni di spagnolo sono il martedì e il giovedì.)

5. Vero

Capitolo 20. La Biblioteca

1. d) Niccolò è andato in biblioteca sabato mattina.

2. e) La signora Bianchi sempre lo aiuta a trovare buoni libri.

3. b) Prima, è andato alla sezione avventure.

4. a) Niccolò si è seduto e ha iniziato a leggere il libro sui pirati.

5. c) La biblioteca è un posto magico per Niccolò.

Capitolo 21. Un Pomeriggio di Cinema

1. amici

2. popcorn

3. posti

4. scene

5. cinema

Capitolo 22. Il Festival di Musica

1. Il festival si teneva in un parco.

2. C'erano molti chioschi di cibo.

3. Alice ballò con i suoi amici.

4. La band suonò le canzoni popolari.

5. Si godette lo spettacolo molto felice.

Capitolo 23. Una Passeggiata in Bicicletta

1. c) Federico e suo papà decisero di fare una passeggiata in bicicletta.

2. b) Salirono sulle loro biciclette e iniziarono la loro avventura.

3. d) Federico vide un sentiero di terra che sembrava interessante.

4. a) Cambiarono direzione e presero il sentiero di terra.

5. e) Scoprirono un bellissimo bosco pieno di uccelli che cantavano e piccoli ruscelli.

Capitolo 24. La Lezione di Arte

1. arrivò

2. sorrise

3. iniziò

4. disse

5. mostrarono

Capitolo 25. Un Giorno di Neve

1. b) Ha fatto delle palle di neve

2. a) Una carota

3. c) Il suo amico Jack

4. b) Hanno messo dei bottoni per la bocca

5. c) Cioccolata calda

Capitolo 26. Il Museo di Storia

1. b) classe

2. c) dinosauri

3. b) sarcofagi

4. a) fortezze

5. c) felice

Capitolo 27. La Mia Colazione Preferita

1. Vero

2. Vero

3. Vero

4. Falso (Aggiunge burro di mandorle.)

5. Falso (A volte aggiunge anche dei semi di chia sopra.)

Capitolo 28. Una Giornata in Campagna

1. e) Noemi si svegliò presto e era molto emozionata.

2. b) Quando arrivarono in campagna, videro molti animali.

3. c) Noemi e la sua famiglia camminarono su un sentiero nel bosco.

4. a) A mezzogiorno, si sedettero sotto un grande albero per pranzare.

5. d) Noemi giocò con il suo fratellino.

Capitolo 29. La Visita dal Dentista

1. dentist

2. toys

3. chair

4. teeth

5. toothbrush

Capitolo 30. La Fiera del Libro

1. Stefano andò alla fiera con sua madre.

2. La fiera si teneva in un parco.

3. Stefano trovò un libro di avventure.

4. C'erano molti libri con colori.

5. È importante leggere e imparare.

Capitolo 31. Una Passeggiata in Centro

1. d) Michele camminò per le strade piene di negozi.

2. e) Michele visitò una libreria.

3. b) Michele vide il suo amico Alberto.

4. a) Michele andò in una caffetteria.

5. c) Michele decise di visitare un museo.

Capitolo 32. Una Giornata all'Acquario

1. decisero

2. si diressero

3. esclamò

4. andarono

5. conclusero

Capitolo 33. La Festa di Fine Anno

1. b) Decorando e preparando la musica

2. c) Eleonora, Isabella, Monica e Nanni

3. b) Hanno guardato il conto alla rovescia in TV

4. a) Hanno mangiato l'uva e si sono abbracciati

5. c) Molto felici

Capitolo 34. La Lezione di Musica

1. b) musica

2. c) flauto

3. a) tenere

4. b) istruzioni

5. a) suonare

Capitolo 35. Il Nuovo Lavoro

1. Falso (Daniele si è alzato presto e si è preparato per arrivare puntuale.)

2. Vero

3. Vero

4. Falso (Durante la mattinata, Daniele ha imparato le sue mansioni e come usare il sistema dell'azienda.)

5. Vero

Capitolo 36. Un Giorno in Palestra

1. b) Alessio si svegliò presto al mattino con una determinazione in mente.

2. d) Un istruttore gentile lo salutò e lo guidò per la palestra.

3. a) Alessio decise di iniziare con un leggero riscaldamento.

4. e) Alessio passò a sollevare pesi e fare esercizi di forza.

5. c) Alessio si sentiva stanco ma soddisfatto.

Capitolo 37. Il Corso di Fotografia

1. fotografia

2. imparare

3. natura

4. felice

5. fotografare

Capitolo 38. La Lezione di Ballo

1. Gabriele aveva voluto imparare a ballare.

2. Benvenuto alla nostra lezione di ballo.

3. Spostiamo il piede destro in avanti.

4. Tutti in classe si divertivano molto.

5. La signora Russo diede loro alcuni consigli.

Capitolo 39. Il Primo Giorno di Vacanza

1. e) Sergio si svegliò presto e sorrise vedendo il sole.

2. a) Sergio mangiò toast e marmellata per colazione.

3. c) Sergio giocò a calcio con i suoi amici al parco.

4. d) Sergio camminò fino alla biblioteca per prendere qualche libro.

5. b) Sergio si sedette in giardino e iniziò a leggere.

Capitolo 40. Visita ai Nonni

1. erano

2. giocarono

3. arrivarono

4. uscirono

5. abbracciarono